ACADÉMIE DE MACON.

SOUVENIRS DE LAMARTINE

PAR

Charles ALEXANDRE

FRAGMENT

Lu dans la séance publique de l'Académie de Mâcon
du jeudi 6 avril 1876.

MACON,
IMPRIMERIE D'ÉMILE PROTAT.

1876.

SOUVENIRS DE LAMARTINE,

FRAGMENT.

Paris, 20 mars 1843.

C'est une grande date de ma vie. Je suis allé pour la première fois au foyer de Lamartine. Je venais de Bretagne, en pèlerinage à ce génie bien-aimé, l'imagination enchantée, le cœur attendri, la mémoire vibrante de ses vers, l'âme toute baignée de sa poésie. Ce nom harmonieux de Lamartine me ravissait. « Ton nom est un parfum répandu, dit le Cantique des Cantiques, voilà pourquoi les vierges t'aiment! » J'avais rêvé, prié, aimé avec ses strophes. J'avais lu sur les grèves sa poésie, fille de la mer. J'étais jeune, j'avais vingt ans, j'arrivais dans la fleur de l'enthousiasme. J'allais là, comme un jeune Grec au banquet de Platon. A cet âge bienheureux de la jeunesse où tout est idéal, j'accourais à Lamartine comme à un rendez-vous d'amour.

J'arrivai conduit par mon ami, M. Dargaud, l'ami intime de Lamartine, qui lui avait dédié une de ses plus puissantes inspirations, *le Tombeau de David*. Il habitait un bel hôtel recueilli entre une cour et des jardins, rue de l'Université, 82. Quatre domestiques en livrée se tenaient dans l'antichambre. Je traversai, sans les voir, des salons élevés, d'une noble décoration. Tout m'était indifférent, excepté Lamartine. On nous introduisit dans un salon retiré, l'atelier de Mme de Lamartine. Deux femmes à l'aspect anglais, assises dans des fauteuils, causaient au coin du feu. L'une, à la noble et sérieuse figure, empreinte d'une grave tristesse, pénétrait de respect; c'était la femme du poète. M. Dargaud me présenta; elle me fit un accueil d'une bonté contenue; on sentait une âme fermée à l'hospitalité prudente, qui n'aimait que les amitiés trempées au feu de l'épreuve. Comme un flacon scellé, son cœur retenait son parfum.

Lamartine n'était pas là encore, et je n'attendais que lui seul. Le génie était absent, le temple était vide du Dieu. Inattentif à la causerie des femmes et de M. Dargaud, je regardais l'atelier. Le nid, c'est l'oiseau; le foyer, c'est l'homme. Mes yeux fixèrent à la droite de la cheminée une énorme toile qui couvrait un pan de mur, un grand portrait de Lamartine, assis sous un arbre, ses deux lévriers fidèles à ses pieds, peint par le talent mol de Decaisne. L'artiste digne de le peindre n'était pas né, ou plutôt il était mort. Seul, Van Dyck, le peintre des rois et des gentilshommes, des nobles élégances, des transparences de teint aristocratiques, aurait pu réaliser cette figure royale de poète.

A gauche de la cheminée en marbre brun, des tableaux, œuvres de Mme de Lamartine, des portraits de famille, divers sujets d'art, la muse Uranie, la tête aux étoiles. Un beau paysage d'Huet charmait les regards entre les fenêtres. Au-dessus, une statuette assise du poète, pleine d'élégance, la jeune fille confiant son premier secret à Vénus, ce ravissant chef-d'œuvre de Jouffroy; puis l'éternelle statue, la belle mutilée, la Vénus de Milo rayonnait sa blancheur dans l'ombre.

Vis-à-vis de la cheminée, le portrait d'un ami intime, une figure maladive et délicate, Félix Guillemardet, que Lamartine a immortalisé dans un des plus larges épanchements des *Recueillements poétiques;* le portrait du poète peint avec amour par une main de femme. Près de la porte de l'atelier, un bureau tout chargé d'appels des pauvres, où Mme de Lamartine écrivait ses lettres de charité; un chevalet où dormaient de beaux paysages; puis, dans un coin retiré, un bénitier plein de grâce, œuvre de cette femme d'art et de vertu, une croix s'élançant au-dessus de trois vasques, entourée de trois enfants en prière. Cet atelier recueilli sur un jardin intérieur, consacré à la prière, à l'art et à la charité, ce *buen retiro* était bien l'image de cette femme artiste et religieuse. Son cœur était là.

Une table ronde couverte de journaux, de brochures, de petits volumes bleus ou jaunes, hommages de jeunes poètes, offrait sa nourriture à l'esprit. Les pieds reposaient doucement sur de grands tapis de Smyrne, vraie mousse, vraie fourrure de laine aux couleurs d'Orient. Point de luxe, du reste, malgré le bruit répandu. Ici et là, des canapés, de vieux fauteuils en désordre, dérangés par des visites récentes d'amis, des meubles vivants, non ces meubles rangés et morts des salons toujours vides des familles froides et sans amitiés. Les murs animés, colorés de tableaux, les statuettes brillant dans leur blancheur de cygne sur les couleurs sombres des toiles et des rideaux, le clair obscur du crépuscule, la cheminée illuminée des flammes de la bûche de Noël toujours allumée, le foyer chaud d'hospitalité, la poésie d'intérieur, tout charmait les yeux et le cœur; ce foyer avait une âme.

La porte s'ouvrit; je me retournai avide. Un petit homme entra. Ce n'était pas Lui, c'était, hélas! un préfet, un éminent administrateur, du reste. Il causa avec M. Dargaud, l'hôte familier de la maison, causeur aimable et charmant. Je n'écoutai pas, j'attendais toujours.

La porte s'ouvrit encore. Un homme de haute taille apparut. C'était Lui, le génie adoré, dans sa noblesse et sa grâce souveraines. Je le vis à travers un éblouissement. Il rayonnait de l'auréole du génie, la figure pleine de grandeur sereine, vrai sanctuaire de l'inspiration. Il avait ce port de tête incomparable que Dieu ne donne qu'à ses élus, et il l'avait seul. Chateaubriand portait la tête avec orgueil, Lamartine avec noblesse; la figure de l'un était hautaine, la figure de l'autre était haute. Sa tête maigre, nerveuse, sculptée par le divin artiste, bien posée sur la longue tige du cou, aux yeux noirs perçants, au nez aquilin, à la bouche souriante, à l'oreille sonore, au menton à large base, au front élevé, à la pâleur transparente, se détachait sur un habit noir. Sa taille élancée se cambrait avec une sveltesse, une élégance suprêmes; il avait la démarche rhythmée, légère, le corps ailé, la beauté de l'Apollon antique. *Incessu patuit Deus !* Il était lyrique de la tête aux pieds. Son corps, fait de muscles et de nerfs, n'avait pas de chair. Léonard de Vinci, qui a révélé dans ses dessins les ressemblances étranges, les affinités mystérieuses de l'animal et de l'homme, aurait trouvé dans Lamartine la tête et les yeux de l'aigle, l'encolure et la noblesse du cygne. C'était bien l'homme de sa poésie, un poète gentilhomme, comme on disait au moyen âge, l'*Emir Frangi*, comme l'appelaient les Arabes à son voyage en Orient, un poète d'attitude héroïque plus que rêveuse, un chêne et non un saule pleureur. Une bande de lévriers se pressait sur ses pas, les yeux levés vers le maître bien-aimé.

Il avait alors la beauté de l'automne; il entrait dans sa saison mûre; les teintes d'hiver n'avaient pas blanchi ses cheveux rares, les grandes douleurs n'avaient pas creusé leurs plis.

Il tendit sa longue et belle main au préfet et à M. Dargaud; puis venant à moi, tout tremblant devant lui, il me dit avec un accent plein de grâce :

— Je suis enchanté que vous ayez bien voulu accepter à dîner sans façon avec nous, en attendant que nous fassions connaissance plus intime. M. Dargaud m'a dit que vous aviez de la bienveillance pour moi.

— Ce n'est pas le mot vrai, répliqua M. Dargaud, c'est de l'amour enthousiaste.

Je bénis sans paroles, du cœur plus que de la voix, cette simplicité et cette grâce d'accueil qui tentait d'effacer la distance de l'homme plein de gloire au jeune inconnu.

— On ne peut éprouver que de la sympathie pour le poète, dit le préfet.

Ce mot tiède de sympathie, cette réserve du préfet qui sous-entendait une hostilité, blessèrent mon jeune enthousiasme.

— On peut être en désaccord avec l'homme politique, ajouta M. Dargaud, mais avec l'homme privé, jamais.

Pour moi, je ne jugeais pas, j'aimais.

On s'assit. On parla de la dernière soirée du poète, de l'excellente musique qui l'avait enchantée.

— Les artistes vous ont traité en grand artiste, dit M. Dargaud.

Puis, de ce souvenir musical, Lamartine monta à une comparaison du poète et du musicien.

— Je ne sais si le poète est au-dessus du compositeur. Sans doute l'idéal du sensualisme est inférieur à l'idéal de l'intelligence, mais c'est plus vif, plus sensuel, comme volupté de l'art. Je n'ai jamais rien ressenti de plus saisissant que la musique de Rossini.

— On la sent plus qu'on ne la comprend, dit M. Dargaud, la musique est inférieure à la poésie, je préfère *Jocelyn* au *Barbier de Séville*.

— Et vous? me demanda Lamartine.

Je dis dans un cri d'admiration la supériorité suprême de *Jocelyn*.

— Je ne vous contrarierai pas, dit le poète en souriant.

Alors, la tête inclinée dans l'attitude de la réflexion,

il discuta, comme l'œuvre d'un étranger, l'adorable poème.

— *Jocelyn* est effectivement beau dans plusieurs parties, et j'en ferais une œuvre charmante en la retouchant.

— Oui, en corrigeant quelques négligences, dit M. Dargaud, *Jocelyn* serait parfait.

On annonça M. Bois le Comte, ministre français à La Haye. Les yeux s'en détournèrent vite pour admirer une nièce de Mme de Lamartine qui entrait, une fleur de beauté anglaise. Et la causerie descendit de la poésie et de la musique à la diplomatie avec la présence de M. Bois le Comte.

— Si je n'avais pas pris la carrière politique, dit le grand orateur, j'aurais adopté la diplomatie. Le poste de ministre plénipotentiaire à Florence aurait été pour moi l'idéal du bonheur terrestre. C'est la grande route du monde, le salon de l'Europe. On ne fréquente que bonne compagnie.

Et il eut un retour d'enthousiasme pour sa vie poétique de diplomate en Italie. Il prit son vol vers les souvenirs, vers les années enchantées de Florence et de Naples, quand, après une dépêche diplomatique, il montait à cheval, et allait chanter ses *Harmonies* au bord de la mer, dans ce paradis du monde.

Recueillie sous la parole de son mari, Mme de Lamartine sortit de son silence à cette évocation des années heureuses. Un rayon du passé éclaira sa grave figure ; elle eut un cri de regret vers le bonheur perdu.

De l'Italie, du pays du soleil, la causerie se glissa aux Pays-Bas, sous les brumes du Nord.

— Je connais la Belgique, ce pays me plaît, dit Lamartine. La Hollande m'est inconnue, je voudrais la voir. C'est un pays calme, poétique, c'est la Chine de l'Europe.

J'écoutais comme une mélodie la causerie merveilleuse, cette parole naturelle, tour à tour familière et lyrique, cette voix de basse sonore au timbre de bronze, cette éloquence de coin du feu, aux coups d'ailes, cet improvisateur qui déroulait les longs plis de sa parole comme Cicéron, et les fixait soudain dans un nœud éclatant comme Tacite, qui trouvait, en se jouant, sans effort, des bonnes fortunes d'expression, illuminait sa pensée par l'éclair de l'image, peignait une ville, un pays, Florence, la Hollande d'un coup de lumière comme le soleil.

On annonça le dîner, et l'on passa à la salle. Je restai le dernier. Lamartine avec un geste plein de grâce caressante, m'entoura la taille et me conduisit doucement. Ce qu'il y avait de bonté charmante, de poésie d'accueil dans ce geste d'amitié, je le sentis. Un geste, un accent, c'est le cœur!

On s'assit à table, dans une ample salle à manger. Un grand paysage de mer de Gudin la décorait : la mer, image du génie de Lamartine. Quel était le dîner? je ne sais. Je me rappelle une truite magnifique, parce qu'elle fut illustrée d'un badinage de Lamartine.

— Elle a été pêchée au lac de Genève, c'est Huber Saladin qui me l'a donnée. Elle pesait 40 livres. On en pêche deux tous les ans de cette grosseur ; l'une est envoyée au roi, l'autre à moi.

L'imagination du poète exaltait sa truite ; il était

plus fier d'un poisson que d'une poésie. Il se plaît à ces badinages. Lamartine n'est pas au foyer le génie solennel que l'on croit. Simple, naturel, il aime non à rire, mais à sourire ; il détend l'arc sonore.

Et, dans sa causerie de table, il maudit les dîners français, exalta les dîners russes. Le poète se glissait partout.

— On met une corbeille de fleurs et de fruits sur la table, on ne met que le dessert. On présente les viandes, on en prend, et on les fait disparaître. On n'a pas cette odeur désagréable des carcasses sanglantes, mais quelque chose de réjouissant, une fête des yeux... Mangez de ce jambon de Saint-Point, il est délicieux. Si Chevet connaissait cette façon de le faire, il gagnerait des millions. J'ai eu l'idée de me faire marchand de jambons.

On sourit de l'idée ; en effet, le jambon était délicieux, et on l'arrosa de vin de Chypre.

Les chiens étaient du repas, comme les meilleurs amis du poète ; n'étaient-ils pas les plus fidèles ? L'amitié de l'homme passe, l'amitié du chien ne passe jamais. Lamartine mangeait à peine, et donnait tout à ses lévriers et au beau chien de Terre-Neuve posés près de lui. Il avait la sobriété de l'Arabe, ne goûtait que les légumes et les fruits comme l'Hindou ; il n'aimait pas la chair, mais la sève. C'était un Brahmane.

La causerie qui flottait sur la table avec le parfum des fleurs s'évapora et s'envola à une sphère plus haute. On parla des malheurs des hommes publics.

— L'orateur est l'homme le plus exposé aux déboires.

Le préfet contesta et dit que c'était... le préfet. On ne s'attendait pas à cette chute, on sourit. Lamartine, sans perdre sa courtoisie, écarta poliment la supériorité d'épreuves du préfet.

— La plus rude épreuve que l'amour-propre humain ait à subir est, à la fin d'un discours, lorsque l'orateur voit les bras se lever, le mépris pleuvoir de toutes les lèvres ; c'est terrible !... Les bons yeux sont-ils nécessaires à l'orateur ? oui, pour voir les objections, mais non, parce qu'il est distrait par les mouvements. J'ai la tête froide à la tribune. Mais à la fin d'un discours sur la proposition Ducos, je fus entraîné.

Le diner fini, Lamartine laissa passer ses convives, et me garda encore. En marchant, il m'interrogea sur ma vie, me demanda :

— Avez-vous un chien ?
— Oui, en Bretagne.
— Avez-vous le temps de faire de la littérature ?
— Je n'ai le temps que de vous lire, et vous seul.

On servit le café. Mme de Lamartine, qui n'oubliait jamais les pauvres, nous offrit des billets de loterie de charité. On causa en humant le parfum du café et de la parole du poète. Il parla du nord de la France, des souvenirs de sa vie politique.

— J'ai été le maître des colléges d'Hazebrouck, Dunkerque, Bergues. Les habitants sont très-faciles; ils ont un grand respect de l'autorité. Lorsque j'allais, jeune député, à Bergues, la garde nationale venait à une demie lieue de la ville et m'introduisait au son de la musique; je trouvais un dîner magnifique, et le soir des illuminations.

— On le faisait à vous, mais pas à d'autres, dit M. Dargaud.

— Pardon, à tous, à Staplande; on le trouve sublime!

Et passant aux hommes politiques, il parla des orateurs du temps.

— Mauguin me plaît beaucoup ; s'il avait la fermeté, il mènerait l'opposition ; il a le courage.

Et faisant allusion à ses récents discours de rupture avec le roi de Juillet :

— Je n'attaque point les ministres, je les aime, je n'ai qu'à me louer d'eux, je les ai faits. Guizot m'a répondu par des injures; j'ai été courtois, poli dans ma réponse.

M. Dargaud rappela son mot final de pitié dédaigneuse : « Je vous défie de m'empêcher de vous plaindre. »

Le préfet releva la fin du premier discours comme n'étant pas courtoise.

— Je n'attaque que le système, dit Lamartine. Guizot a été maladroit dans sa réponse. Il y avait une façon plus haute de louer le Gouvernement. Il y a deux faces dans la question ; il faut les voir. J'aurais pu confondre Guizot en faisant l'histoire diplomatique que je connais parfaitement depuis le traité de décembre 1841. Thiers seul la connaît aussi, mais ce serait pour disputer. Je ne m'en servirai pas, j'aime les ministres. Guizot m'a offert tout ce qu'il est possible : l'ambassade de Vienne pendant six mois. Villemain est charmant, plein d'esprit élégant ; Teste a une belle tête, un beau langage ; c'est le premier orateur de la Chambre, mais à la seconde phrase, il s'emporte. Guizot trop aussi dans sa réponse.

— Oui, il y avait de la colère, osai-je dire.

— Vous étiez là! me dit Lamartine. Eh bien! allez jeudi m'entendre, ce sera mon plus beau discours.

— Alphonse, ayez des billets pour cette séance, dit Mme de Lamartine.

— Ecris à Sauzet, Marianne, de ta belle main, et, à mon insu, il t'en donnera. Guizot ne doit pas me répondre, Villemain non plus. Eux seuls peuvent me répondre. Villemain a été admirable dans un discours en réponse à un des miens sur la question d'Orient.

— Il vous a ménagé dernièrement, dit le préfet, pour défendre son ministre que Lamartine n'attaquait pas et venait d'admirer.

— Non, il était pâle de colère.

La discussion s'animait comme toujours en politique, lorsque entra M. Anselme Pétetin, un journaliste de talent, l'Emile Girardin lyonnais. On parla de Lyon. Lamartine peignit d'un mot cette ville où la passion de l'or et la passion de la religion s'alliaient.

Ainsi causait, au coin du feu, dans tout l'abandon et la liberté de l'impression, le grand orateur. Il parla peu, trop peu à mon gré, et laissa, dans sa courtoisie, dans son silence hospitalier, la parole à ses hôtes. Le préfet parla beaucoup. J'admirai l'accueil de Lamartine à la contradiction. Ce roi de l'esprit n'aimait pas les voix serviles des courtisans, mais les voix libres d'amis. Il écoutait avec l'intérêt et la grâce de l'homme supérieur, assis dans son fauteuil, en caressant son cher lévrier Fido, couché sur ses genoux. Seulement, quand une brise de l'esprit passait, il frémissait sous la secousse lyrique, il se levait, et, tout en marchant, la parole s'envolait de ses lèvres inspirées. Il était orateur au foyer comme à la tribune. Son éloquence involontaire tentait d'éteindre son éclat, mais en dépit de l'effort, sa parole resplendissait.

Il parla de lui-même comme d'un étranger, s'admira et s'immola tour à tour, sans fausse modestie et sans faux orgueil, épancha l'admiration à ses adversaires, avec sa belle générosité pleine de justice charmante et prodigue.

Ce fut moins le poëte que l'homme politique qui se révéla ce soir-là. Il était tout frémissant de la lutte. Il s'était séparé de la politique intérieure et étrangère du roi, les 27 janvier et 2 mars 1843, dans deux discours éclatants. Il commençait cette longue campagne d'éloquence, cette opposition féconde, cette évolution de progrès qui devait le conduire à l'*Histoire des Girondins*, aux journées héroïques de l'Hôtel de Ville, aux tempêtes de l'impopularité. Il courait seul, comme un cheval arabe dans le désert, aux grands espaces, aux idées nouvelles, aux beaux rêves de la politique progressive, sociale et humaine, à l'abolition de l'esclavage, de la peine de mort, à la République idéale, avec une intrépidité sereine, l'élan de l'espérance, sans peur de l'abime. Son génie, dans l'ardeur et l'ivresse de l'action, avait la tentation du péril. Il ne pratiquait pas la sage devise de Léonard de Vinci : Fuir les orages!

Il fallut pourtant fuir l'enchantement : M. Dargaud et moi nous sortîmes. Je rentrai, l'âme ravie des paroles entendues. Je les notai le soir même avec une mémoire fidèle, avec des cris d'admiration que je n'oserais redire. L'enthousiasme a sa pudeur.

Mais, comment noter l'accent, le geste, le regard, la vie? Je l'avais entendu à la tribune, dans un discours prophétique ; au foyer, j'avais eu l'heureuse fortune de l'entendre dans la liberté et la grâce de l'intimité. Je connaissais le grand poète, le grand orateur, le génie, l'homme public. L'homme privé s'était révélé à cette première entrevue, noble et bon comme sa poésie. C'est le cœur le plus facile, le plus grand et le plus intime, me disais-je au retour. J'allais connaître l'homme, la grande âme aux sept cordes.

Trente-deux ans sont passés depuis cette fête de ma vie. Je la ranime souvent dans ma mémoire pour tromper la douleur. Le génie est mort, sa sainte femme est morte, l'ami est dans la tombe. Souvenirs à la fois doux et amers ! Ces souvenirs de fête du passé mort donnent l'illusion fugitive des bonheurs évanouis ; ils disparaissent, s'éloignent et laissent retomber l'homme dans les tristesses du présent, pareils à ces feux magiques des fêtes populaires, qui montent au ciel en sillons de feu, illuminent les ténèbres de leurs gerbes d'étoiles, puis retombent, s'éteignent et rendent plus profonde l'obscurité de la nuit.

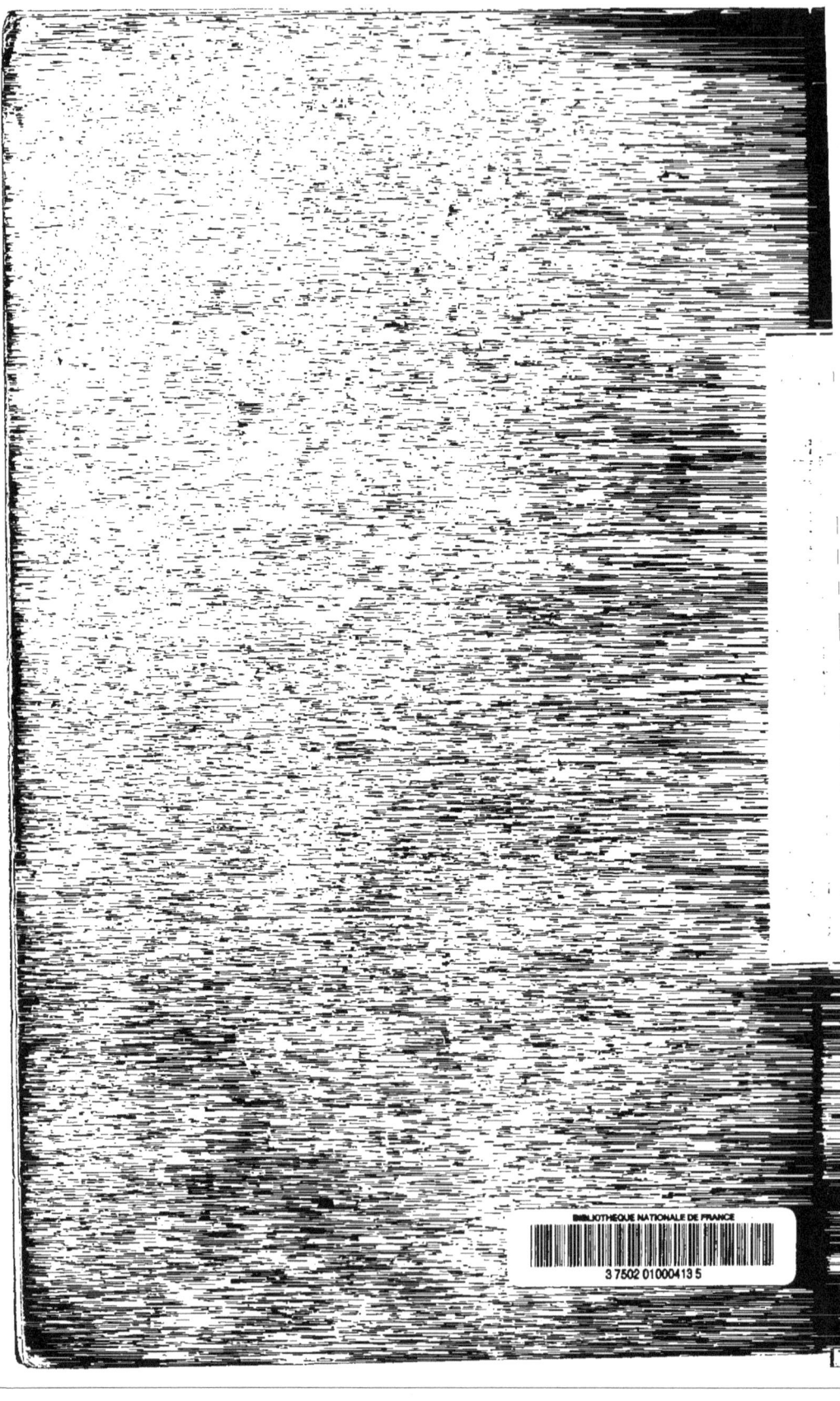

www.ingramcontent.com/pod-product-compliance
Lightning Source LLC
Chambersburg PA
CBHW060452050426
42451CB00014B/3286